Décision

Par Ursula Nafula
Illustré par Vusi Malindi

Library For All Ltd.

Library For All est une organisation australienne à but non lucratif dont la mission est de rendre le savoir accessible à tous grâce à une solution innovante de bibliothèque numérique. Visitez-nous sur libraryforall.org

Décision

Cette édition a été publiée en 2022

Publié par Library For All Ltd
Email: info@libraryforall.org
URL: libraryforall.org

Library For All tient à remercier tous ceux qui ont rendu possibles les éditions précédentes de ce livre.

www.africanstorybook.org

Illustrations originales par Vusi Malindi

Décision
Nafula, Ursula
ISBN: 978-1-922849-77-9
SKU02851

Décision

Mon village avait beaucoup des problèmes. Nous faisions la queue pour aller chercher de l'eau d'un seul robinet.

Nous attendions la nourriture donnée par les autres.

Nous barrions nos maisons tôt à cause des voleurs.

Plusieurs enfants avaient abandonné l'école.

Les jeunes filles travaillaient comme domestiques dans d'autres villages.

Les jeunes garçons se promenaient autour du village pendant que d'autres travaillaient dans des fermes.

Quand le vent soufflait, des déchets de papier pendaient des arbres et des clôtures.

Les gens se faisaient couper par de la vitre brisée lancée sans faire attention.

Puis un jour, le robinet se tarit et nos conteneurs étaient vides.

Mon père marcha de maison en maison et demanda aux gens de participer à une réunion du village.

Les gens se rassemblèrent sous un grand arbre et écoutèrent.

Mon père se leva et dit,
« Nous devons travailler
ensemble pour résoudre
nos problèmes. »

Juma, âgée de huit ans et assise sur un tronc d'arbre, cria, « Je peux aider à nettoyer. »

Une femme dit, « Les femmes peuvent me joindre pour faire pousser de la nourriture. »

Un autre homme se leva
et dit, « Les hommes
creuseront un puits. »

Nous criions tous d'une seule voix, « Nous devons changer nos vies. » Depuis ce jour, nous avons travaillé ensemble pour résoudre nos problèmes.

Vous pouvez utiliser ces questions pour parler de ce livre avec votre famille, vos amis et vos professeurs.

Qu'avez-vous appris de ce livre ?

Décrivez ce livre en un mot. Drôle ? Effrayant ? Coloré ? Intéressant ?

Qu'avez-vous ressenti à la fin de la lecture de ce livre ?

Quelle a été votre partie préférée de ce livre ?

Téléchargez notre application de lecture
getlibraryforall.org

A propos des contributeurs

Library For All travaille avec des auteurs et des illustrateurs du monde entier pour développer des histoires diverses, pertinentes et de grande qualité pour les jeunes lecteurs.

Visitez libraryforall.org pour obtenir les dernières informations sur les ateliers d'écriture, les directives de soumission et d'autres opportunités créatives.

Avez-vous apprécié ce livre ?

Nous avons des centaines d'autres histoires originales sélectionnées par des experts parmi lesquelles vous pouvez choisir.

Nous travaillons en partenariat avec des auteurs, des éducateurs, des conseillers culturels, des gouvernements et des ONG pour apporter le plaisir de la lecture aux enfants du monde entier.

Le saviez-vous ?

Nous créons un impact mondial dans ces domaines en adhérant aux Objectifs de développement durable des Nations Unies.

library forall.org

www.ingramcontent.com/pod-product-compliance
Lightning Source LLC
Chambersburg PA
CBHW040313050426

42452CB00018B/2819